Jeux de mots décroisés

exercices de styles
en charades

Roi de Trèfle

De même hauteur

CHEZ BOOK ON DEMAND et dans toutes les bonnes librairies :

L'Unité, le Six et les Nombres Premiers, essai, 2013 (à reparaître)
Jeux de Mots dits Vaguants (tome I) Poésie en toute liberté, nouv. éd., 2018
Jeux de Mots dits Vaguants (tome II) Mots qui rient mais sans rimer, 2018
Jeux de Mots Croisés, nouvelle édition, 2019
Jeux de Mots par Définition, à la source des croisés, 2019
Jeux de Mots Quadrillés, entre croisés et fléchés, réédition, 2019

Extraits et informations

https://jmd59137.wix.com/jeux-de-mots-croises
https://facebook.com/Jeux.de.mots.croises

ISBN 978-2-3221-9002-7
Jeux de Mots Décroisés, exercices de styles en charades
©Jean-Michel Delefortrie, 2015 — Tous droits réservés.

Avertissement

Ces *mots décroisés* se présentent comme des charades ou rébus. Chaque mot à déceler a sa propre définition, et l'ensemble donne un dernier mot lui-même défini. L'on joue évidemment avec la phonétique, tout en préservant avec le plus de justesse et de cohérence possibles notre belle langue.

Comme dans nos ouvrages de mots croisés et mots quadrillés dont ils sont issus pour une large part, les mots à découvrir sont des mots répertoriés, la liberté de ton s'exprimant dans les textes, souvent mis en tropes.

Pour faciliter la tâche du joueur, chaque bas de page propose un indice sous forme d'anagramme des mots à retrouver (le mot final excepté, sauf mention contraire).

Les solutions, anti-sèches ultimes, sont naturellement en fin de volume. De même, s'il veut s'épargner le casse-tête, le lecteur impatient quoique connaisseur pourra commencer par la fin et se délecter du lexique alphabétique des 469 définitions utilisées.

À votre bon plaisir.

L'auteur

1

Additif couramment utilisé.

☐ ☐

+

Plus il est fort, plus il se met à souffler.

☐ ☐ ☐ ☐

=

Pour que les baleines respirent, c'est assez.

☐ ☐ ☐ ☐ ☐ ☐

Il n'est d'autres lettres que celles-ci
E É N S T V

2

Possède.

☐

+

Robe de cheval.

☐ ☐ ☐

=

Prend la robe par foi.

☐ ☐ ☐ ☐

Il n'est d'autres lettres que les suivantes
A B I É

3

Passage obligé pour qu'ainsi cylindre tourne rond.
☐ ☐

+

Inversé, c'est un article.
Renversé c'est un mauvais présage.
☐ ☐ ☐

=

Pour les scènes de ménage, ça tombe bien !
☐ ☐ ☐ ☐ ☐ ☐ ☐ ☐

Les premières lettres à coucher sur le papier
font anagramme à LEVÉS

4

Mets doucement la main à la patte.

☐ ☐ ☐ ☐ ☐

+

Le Chablis y connaît ses racines.

☐ ☐ ☐ ☐ ☐

=

Accros à l'art maniaque.

☐ ☐ ☐ ☐ ☐ ☐ ☐ ☐ ☐

Pendant que par anagramme des deux items nous
ÉTAYONS NET
la somme est quant à elle anagramme de
LIT EN TALONS

5

Obole pour le couvert.

☐ ☐ ☐ ☐

+

Tenue par l'accord ou par la corde.

☐ ☐ ☐ ☐

=

C'est en étudiant qu'ils évitent les colles.

☐ ☐ ☐ ☐ ☐ ☐ ☐

Aux deux premières réponses
LICE OTÉE
fait désordre

6

Spécialiste en liaisons.

☐ ☐

+

Fait une fausse déclaration.

☐ ☐ ☐ ☐

=

Qui a une affection du coeur.

☐ ☐ ☐ ☐ ☐ ☐

MET NET

ces lettres en bon ordre

pour recomposer les deux premiers mots

7

Ne fait pas mettre les deux pieds dans le même sabot.

☐ ☐ ☐ ☐

+

Deuxième dans une liste.

☐ ☐ ☐ ☐ ☐

=

Ses baies noires ne sont pas conseillées pour se rafraîchir.

☐ ☐ ☐ ☐ ☐ ☐

En deux mots, les premiers,
SAIT NOTER
a les lettres qu'il faut

8

On y travaille utilement en vin.

☐ ☐ ☐ ☐ ☐

+

Il serre à créer des liens.

☐ ☐ ☐ ☐ ☐

=

Un arbre un peu dur pour être un peu plié.

☐ ☐ ☐ ☐ ☐

Pour ne pas ronger son frein,
l' OS DU CHIEN A de quoi
remplir les dix premières cases

9

C'est un bord d'eau.

☐ ☐ ☐ ☐

+

Petite, elle roule.

☐ ☐ ☐ ☐ ☐

=

À la rue ou aux bords d'elle.

☐ ☐ ☐ ☐ ☐ ☐ ☐ ☐ ☐

Les premières lettres donnent
ENVIE de RIRE !

10

D'un goût douteux, et non pas d'un doux goûteux.

☐ ☐ ☐ ☐ ☐

+

Le dernier est le cadet.

☐ ☐

=

Faire la différence entre les bons grains et l'épi.

☐ ☐ ☐ ☐ ☐ ☐ ☐

Les lettres des deux premiers mots sont
À RÉGINE

11

Travaille à la chaîne.

☐ ☐ ☐ ☐ ☐

+

Fait un retour.

☐ ☐ ☐ ☐

=

De leur travail, des textiles en sont issus.

☐ ☐ ☐ ☐ ☐ ☐ ☐ ☐ ☐

Les deux premiers mots ont les lettres
SI TENDRES

12

Il permet bien des choses en posant ses conditions.

☐ ☐

+

Avec des scies, c'est sûr, il finit en bûches.

☐ ☐ ☐ ☐ ☐

=

Ils s'expriment aussi par zestes.

☐ ☐ ☐ ☐ ☐ ☐ ☐

Les premières lettres, pas rebelles, forment aussi
CRIN SOT

13

Fait appel.
☐ ☐ ☐

+

Le palindrome le plus proche.
☐ ☐ ☐

+

Les conteurs l'utilisent sans compter.
☐ ☐

=

Il n'est pas négociant en vain.
☐ ☐ ☐ ☐ ☐ ☐ ☐

Les deux premiers mots feraient une
CHIPIE

14

Petit sommeil.

☐ ☐ ☐ ☐ ☐

+

À nous.

☐ ☐ ☐

+

Certaines sont à jet.

☐ ☐ ☐ ☐ ☐ ☐

=

Guette celui qui lit une histoire à dormir debout.

☐ ☐ ☐ ☐ ☐ ☐ ☐ ☐ ☐

NOMMA SES LEÇONS

histoire de voir autrement
les trois premières interrogations

15

Une mesure qui peut s'appliquer à tout bout de champ.

☐ ☐ ☐

+

Tour de roue.

☐ ☐ ☐ ☐ ☐

+

Rions un peu.

☐ ☐

=

Peut briller tout en étant étain.

☐ ☐ ☐ ☐ ☐ ☐ ☐ ☐ ☐

Cette familiarité fait désordre ?
JE T'AI NARRÉ
et toujours en trois mots, entre nous.

16

Valent plus d'un.

☐ ☐ ☐

+

Un pied devant l'autre.

☐ ☐ ☐

+

Ligne de tête.

☐ ☐ ☐ ☐

=

Qui voit sa beauté sabotée.

☐ ☐ ☐ ☐ ☐ ☐ ☐

Un petit coup de main ?
AIDES APRÈS
est anagramme qui tombe à point

17

Signe de possession au cœur de l'État.
□ □

+

Il est ferme en Provence.
□ □ □

+

Comme si c'était teint... aux couleurs de la nuit.
□ □ □ □

=

Connaître leur langue est fatal aux fourmis.
□ □ □ □ □ □ □ □

Les trois premiers mots,
MARTIN OSA

18

Division de la Grande Muraille.
□ □

+

Tout particulier en général.
□ □

+

Bête, en somme.
□ □ □

=

Membre d'une famille royale.
□ □ □ □ □ □ □

À s'en arracher les cheveux ? Prenez
LOTIONS
pour démêler l'écheveau !

19

Rien que des os, ou pas du tout d'eau.

☐ ☐ ☐

+

Début d'année ou année complète.

☐ ☐

+

La plus haute partie du monde.

☐ ☐ ☐ ☐

=

Données dans l'ordre d'arrivée.

☐ ☐ ☐ ☐ ☐ ☐ ☐ ☐ ☐ ☐

Un SIÈCLE et un AN
suffiraient pour trouver les trois premiers items,
mais qui détient SA LICENCE
ne manque d'aucune lettre

20

Ce filet ne fera pas prendre de gros poissons.
□ □

+

Met les voiles, par exemple.
□ □ □ □ □

+

Espèce de tortue.
□ □ □ □

=

Si mouillé qu'il faut un caractère bien trempé
pour n'en être point dégoûté !
□ □ □ □ □ □ □ □ □

Bien qu'il n'y ait pas d'O
les trois petits mots se pêchent là-dedans...
S'ILS HUÈRENT

21

On le voit toujours en dessous.

☐ ☐ ☐

+

A bonnet... aux dernières places !

☐ ☐ ☐

+

Élément d'addition.

☐ ☐

=

Qui ont participé un certain temps à une exposition.

☐ ☐ ☐ ☐ ☐ ☐ ☐

Cette énigme A BÉANTES

les trois portes de la solution

22

Acide et aigre, sans aucun doute

☐ ☐ ☐

+

Vient de gésir.

☐ ☐ ☐

+

Une certaine forme de savoir.

☐ ☐ ☐ ☐

=

Survenait à fond de train sans crier gare.

☐ ☐ ☐ ☐ ☐ ☐ ☐ ☐ ☐

Cette addition ne coûte rien :
GRATIS SUIT
vous offre la solution

23

Pas mal du tout.

☐ ☐ ☐ ☐

+

Une manière de faire.

☐ ☐ ☐ ☐

+

Un certain temps.

☐ ☐ ☐ ☐ ☐

=

Homme donneur.

☐ ☐ ☐ ☐ ☐ ☐ ☐ ☐ ☐

Des trois premiers mots

FÉE HIER BUTINA

est l'anagramme de charme

24

Partie de rien.

☐ ☐

+

Se verra peut-être demander réparation.

☐ ☐ ☐ ☐ ☐

+

Permet de mesurer ses paroles.

☐ ☐ ☐ ☐

=

L'huis qui invite à franchir le pas l'est.

☐ ☐ ☐ ☐ ☐ ☐ ☐ ☐ ☐

L'anagramme est bien réel pour
NOTRE RÊVE SU

25

Particule élémentaire.
☐ ☐

+

Qui s'est laissé emporter.
☐ ☐ ☐ ☐

+

À moitié seul.
☐ ☐

=

Non de jeune fille.
☐ ☐ ☐ ☐ ☐ ☐ ☐

Noyé dans les huit premiers cubes
KIR PASSE

26

D'immondices, sont des monts effrayants.

☐ ☐ ☐

+

Elle va au tapis pour faire des petits.

☐ ☐ ☐ ☐

+

Il se conjugue au passé

☐ ☐ ☐ ☐

=

Elles ne laissent passer aucune grossièreté.

☐ ☐ ☐ ☐ ☐ ☐ ☐ ☐ ☐

Sur cette feuille, elles font le
TRI MES HAIES
pour ordonner cette arborescence

27

Peut être de mer ou par paire.
☐ ☐ ☐ ☐

+

Un peu de silence en musique.
☐ ☐

+

Temps variable.
☐ ☐ ☐

=

Des choses qui vous passent par la tête, mesdames !
☐ ☐ ☐ ☐ ☐ ☐ ☐ ☐ ☐

L'anagramme

SE BRISERA

en trois mots

28

Prends au milieu.

☐ ☐

+

Où l'on sème.

☐ ☐ ☐ ☐ ☐

+

Précède ce qui suit.

☐ ☐

=

Dont on a fait une croix dessus.

☐ ☐ ☐ ☐ ☐ ☐ ☐ ☐

ENTRÉE TER

pour neuf lettres qui demandent un peu d'adresse

29

Un normand qui s'invite aux agapes.

☐ ☐ ☐ ☐

+

Ancien État allemand.

☐ ☐ ☐ ☐

+

Ex-cité en Mésopotamie.

☐ ☐ ☐

=

Maître chanteur à la cour du roi.

☐ ☐ ☐ ☐ ☐ ☐ ☐ ☐ ☐

Un joli pléonasme
BORDE AUTOUR
onze lettres dans ces cases

30

Demi-cent.

☐ ☐

+

Empêche l'oiseau de décoller.

☐ ☐ ☐

+

Mêle le faux à l'info.

☐ ☐ ☐ ☐

=

Empêche l'oiseau de décoller.

☐ ☐ ☐ ☐ ☐ ☐ ☐ ☐

Un anagramme digne du sphynx...
GENT LUMEN
peut éclairer le haut de cette pyramide

31

Voit un « en » avant, pour une petite faim immédiate.

☐ ☐ ☐

+

Fin de règne.

☐ ☐

+

C'est un autre homme.

☐ ☐ ☐ ☐ ☐

=

Elle met les trames sur la bonne voie.

☐ ☐ ☐ ☐ ☐ ☐ ☐ ☐ ☐

En trouver trois

SANS TIERCÉ

dans l'ordre, c'est possible !

32

Avec lui on relie les livres avant de les avoir lus.

☐ ☐ ☐

+

Fibres naturelles.

☐ ☐ ☐ ☐ ☐

+

Promesses de minuit, ou par foi.

☐ ☐ ☐ ☐ ☐

=

Agacent ou pis.

☐ ☐ ☐ ☐ ☐ ☐ ☐

Anagramme, tu

FAVORISES UN EX

avec tes treize lettres

33

Ils sont toujours récupérés après avoir été jetés.
☐ ☐ ☐

+

Il peut meubler la chambre.
☐ ☐ ☐

+

Sur certaines tables, c'est la règle de l'art
☐ ☐

=

Prendre la poudre d'escampette au son du canon.
☐ ☐ ☐ ☐ ☐ ☐ ☐ ☐

ÉDITERAS

huit lettres mêlées ?
Pas de quoi en faire un roman !

34

Deux lettres pour une litanie.

☐ ☐

+

Mot dit par celui qui est contre.

☐ ☐ ☐

+

Savoir conjugué.

☐ ☐ ☐ ☐

=

Commençait à mots dire.

☐ ☐ ☐ ☐ ☐ ☐ ☐

Pour soigner tes mots, prends
TA TENSION

35

Mot d'esprit... de contradiction.
☐ ☐ ☐ ☐

+

Sans en tête.
☐ ☐

+

S'occupe de certains intérêts comme du capital.
☐ ☐ ☐ ☐

=

Agents de liaison.
☐ ☐ ☐ ☐ ☐ ☐ ☐ ☐ ☐

Ce n'est pas trop vague, avec la
MER ASSAGIE

36

Pour le cou il habille, même s'il est faux.

☐ ☐ ☐

+

À moi !

☐ ☐

+

Repose-tête.

☐ ☐ ☐ ☐

=

Ainsi font les plombiers, dans l'urgence.

☐ ☐ ☐ ☐ ☐ ☐ ☐ ☐ ☐

L'AMI À CÔTÉ

nous offre les trois premiers mots

37

C'est toujours ainsi que les ennuis commencent.
□ □

+

Permettent sans trop de mal de jouir d'un bien.
□ □ □ □

+

S'éteint livide.
□ □ □ □ □

=

Spécialiste anti-corruption.
□ □ □ □ □ □ □ □

Rendre nets ces
ÉMAUX EN BRUT
restituera lettres et mots

38

Redoublé comme pour rire.

☐ ☐

+

Obligation conjuguée.

☐ ☐ ☐ ☐

+

Le milieu du panier.

☐ ☐

=

Évoque des maux qui laissent sans voix.

☐ ☐ ☐ ☐ ☐ ☐ ☐

En haut de la fiche :
FAN AU HIT

39

Exprimé sur un certain ton.

☐ ☐ ☐ ☐ ☐

+

Doublé pour se faire entendre.

☐ ☐ ☐

+

Valide un contrat pour son exécution.

☐ ☐ ☐ ☐ ☐ ☐

=

Il trouble la tranquillité des pavillons.

☐ ☐ ☐ ☐ ☐ ☐ ☐ ☐ ☐

3 mots, 14 lettres, il y a pis pour
TRAITER EN MATHS
cet anagramme

40

Mot préféré d'un bavard-roi.
☐ ☐

+

Quand elle est courante, on s'y tient.
☐ ☐ ☐ ☐

+

Remplace plus d'un son.
☐ ☐ ☐

=

Faire des parties (très) fines.
☐ ☐ ☐ ☐ ☐ ☐ ☐

Pas de souci avec l'éthique, par défaut
TES MANIES
reproduisent les lettres des trois premiers mots

41

Désigne une certaine quantité.

☐ ☐ ☐ ☐

+

Arrêtent les poissons.

☐ ☐ ☐ ☐

+

A rapport à toi.

☐ ☐

=

On imagine les grandes sœurs les couvant.

☐ ☐ ☐ ☐ ☐ ☐ ☐ ☐ ☐

SUR CE TEXTE

on écrit les premiers mots

42

Bout de gras.

☐ ☐

+

Leur jeu est toujours à points.

☐ ☐ ☐

+

Qui prend une pose, sans qu'on entende un mot d'elle.

☐ ☐ ☐ ☐ ☐

=

Qui correspond, en huit lettres.

☐ ☐ ☐ ☐ ☐ ☐ ☐ ☐

Il suffit de trois clefs et
CODE SE SAIT

43

Le temps d'une révolution.

☐ ☐

+

Soleil d'Égypte.

☐ ☐

+

Associé à nouveau pour une délivrance.

☐ ☐

=

Tenir tête au canasson.

☐ ☐ ☐ ☐ ☐ ☐

Les six lettres sont à prendre
À RENNE

44

Se font aisément jeter au tapis
☐ ☐ ☐

+

Début d'un titre.
☐ ☐

+

L'un des sens ne peut s'en passer.
☐ ☐ ☐

=

Elle a la réputation de tout régler d'avance.
☐ ☐ ☐ ☐ ☐ ☐ ☐ ☐

Sans impatience
DITES ZEN

45

D'une trompe qui annonçait la mort.
☐ ☐ ☐ ☐

+

Se servit d'un outil à main et à dents.
☐ ☐ ☐ ☐

+

Des bois qui finiront par être entés.
☐ ☐ ☐ ☐ ☐ ☐

=

Elle donne le temps de se regarder dans la glace.
☐ ☐ ☐ ☐ ☐ ☐ ☐ ☐ ☐

Exprimant la quintessence
sans zeste déplacé
SON CASSIS GICLA

46

Rien à moitié.
☐ ☐

+

Ses révolutions font toujours avancer.
☐ ☐ ☐ ☐

+

Jeté au milieu.
☐ ☐

=

Engagé dans une mauvaise voix.
☐ ☐ ☐ ☐ ☐ ☐

RUE NOTÉE

ne mène pas à une impasse

47

Fonça comme l'éclair (se).

☐ ☐ ☐ ☐

+

Elle oblige à faire quelques tours.

☐ ☐ ☐

+

Un petit bout de femme !

☐ ☐

=

Son poids peut être une tare.

☐ ☐ ☐ ☐ ☐ ☐ ☐

Sans souci, pas morose, vous pensez :
AH ! MIT VASE !

48

Le premier dans la classe.

☐ ☐

+

Termine l'entretien comme il l'a commencé.

☐ ☐

+

Faisons vibrer lame.

☐ ☐ ☐ ☐ ☐ ☐

=

Élève qui aime les cols.

☐ ☐ ☐ ☐ ☐ ☐ ☐ ☐ ☐

S.O.S. CANINES

donne les trois premiers mots,

CONNAISSE

le dernier

49

Ajoute ou met à la fin.
☐ ☐

+

Elle permet d'entrer sans frapper.
☐ ☐ ☐

+

Revenus après des placements.
☐ ☐ ☐ ☐ ☐ ☐

=

Qui démontre que la lumière est un produit de lux.
☐ ☐ ☐ ☐ ☐ ☐ ☐ ☐

Rien ne dure, mais à tout jamais...
C'EST ÉTERNEL !

50

Prend les choses en main.

☐ ☐ ☐ ☐ ☐

+

Lettres suivies.

☐ ☐ ☐

+

Entrée en matière.

☐ ☐ ☐

=

Passer un savon pour éloigner de la pente glissante.

☐ ☐ ☐ ☐ ☐ ☐ ☐ ☐

Ce qu'il reste à faire
RESTE ÉNORME

51

Commun à l'endroit et à l'envers.

☐ ☐

+

Nouveau, est venu d'un œuf.

☐ ☐

+

Un oiseau qui cajole.

☐ ☐ ☐ ☐

=

Qui a subi une grosse chute.

☐ ☐ ☐ ☐ ☐ ☐ ☐ ☐

Ces lettres que l'on brasse font
NAGE NIÉE

52

Il faut son remède pour soigner sa fièvre.

☐ ☐ ☐ ☐ ☐ ☐

+

Partie de rire.

☐ ☐

+

Le prendre, c'est voler !

☐ ☐ ☐

=

C'est une bague ornée, comme il se doit.

☐ ☐ ☐ ☐ ☐ ☐ ☐ ☐ ☐

Problème de cœur ?
AH ! IL CHAVIRE !

53

Élément de choix.

☐ ☐

+

Noue des liens.

☐ ☐ ☐ ☐ ☐

+

Honore le saint.

☐ ☐ ☐ ☐

=

En gros, qui est arrivée à ses fins.

☐ ☐ ☐ ☐ ☐ ☐ ☐ ☐ ☐

On ne peut que mots dire :
CASSE-TÊTE ? FI !

54

Dans le vent.

☐ ☐

+

Qui se trouvent hors d'affaires.

☐ ☐ ☐ ☐

+

Une vieille dame qui ne bat plus guère le pavé.

☐ ☐ ☐

=

Pour le faire venir, il n'y a rien à faire.

☐ ☐ ☐ ☐ ☐

Là est la question
EUH... SIENNE ?

55

C'est un curie !

☐ ☐

+

Cité d'Eure-et-Loir.

☐ ☐ ☐ ☐ ☐

+

La rive, côté gauche.

☐ ☐

=

Les pommes y laissent leur peau.

☐ ☐ ☐ ☐ ☐ ☐ ☐

Ce jeu demande un peu d'adresse
DIX, RUE CRI

56

Ancienne moitié.

☐ ☐

+

On le trouve avec certitude dans bien des hypothèses.

☐ ☐

+

Il sert les desseins du dessinateur.

☐ ☐

=

Qui est dans tous ses états, dame !

☐ ☐ ☐ ☐ ☐ ☐

Lire réel

EXISTE

57

Habitudes d'autrefois.
☐ ☐

+

Presque autant.
☐ ☐ ☐ ☐

+

On l'a toujours à l'oeil.
☐ ☐ ☐

=

Lorsqu'ils marchent bien, leur usage est courant.
☐ ☐ ☐ ☐ ☐ ☐ ☐ ☐ ☐

Ce n'est pas du toc
L'ANTI-STUC

58

Il se fait toujours jeter au tapis.

☐ ☐

+

Incertain nombre.

☐ ☐ ☐ ☐

+

D'une demi-tête !

☐ ☐

=

Elle donne des bons bonds aux athlètes.

☐ ☐ ☐ ☐ ☐ ☐ ☐

Quand en mal d'amour on se lève...
ET TA DENT ?

59

Bien qu'au bout du feuillet,
ce n'est pas la fin de l'histoire.
☐ ☐

+

Grand nombre.
☐ ☐ ☐

+

Le meilleur du pis.
☐ ☐ ☐ ☐

=

Mise en grande surface.
☐ ☐ ☐ ☐ ☐ ☐

De mal en pis
LAIT TÊTAS

60

Passe montagne.

☐ ☐ ☐

+

Celle de mer ne manque pas de sel.

☐ ☐ ☐

+

C'est toux.

☐ ☐ ☐ ☐ ☐ ☐

=

Elle s'habille de fruits ornementaux.

☐ ☐ ☐ ☐ ☐ ☐ ☐ ☐ ☐

Comme un sortilège
L'ACTE QUI NOUE

61

Tourne les talons comme la jument.
☐ ☐ ☐

+

Fait la moitié.
☐ ☐

+

Materné en fin.
☐ ☐

=

Quand on y pense, c'est manger comme des cerfs.
☐ ☐ ☐ ☐ ☐ ☐ ☐

Les choses ont l'importance qu'on leur donne,
parfois majeure, souvent
MINEURE

62

Rien au bout !
☐ ☐

+

Elles sont bien utiles pour mettre les voiles.
☐ ☐ ☐ ☐ ☐ ☐

+

Il a fini de ruminer.
☐ ☐ ☐

=

Elle met de la distance entre ailes.
☐ ☐ ☐ ☐ ☐ ☐ ☐

Signe d'érosion
USURE EN GRÈVE

63

Un poisson qui prend un peu de la sardine.
☐ ☐ ☐

+

Ils se font voir en dessous.
☐ ☐ ☐

+

Oiseaux des eaux.
☐ ☐ ☐ ☐ ☐

=

Elles permettent de souffler en cas d'attaque.
☐ ☐ ☐ ☐ ☐ ☐ ☐ ☐ ☐ ☐

Il y a bien les sacs à main, alors pourquoi pas
EN SACS À BRAS

64

Il ne termine jamais ses phrases.
□ □

+

Manière de dire.
□ □ □

+

Ça creuse !
□ □ □ □ □ □

=

Affaires d'impressions.
□ □ □ □ □ □ □

IL DIT : ST LÉON

Que votre volonté soit fête,
aux calendes, riez

65

Le dernier est toujours à la mode.
☐ ☐ ☐

+

Manque de reconnaissance.
☐ ☐ ☐

+

Vague dans les deux sens.
☐ ☐ ☐ ☐

=

Est crins autant... qu'il s'agisse d'un lion ou d'un cheval !
☐ ☐ ☐ ☐ ☐ ☐ ☐ ☐

Le propre de l'homme
NIER CE RIRE

66

Brillant étalon.
☐ ☐

+

Abris côtiers pour fruits de mer.
☐ ☐ ☐ ☐

+

Qui veut s'en passer finit par trépasser.
☐ ☐ ☐

=

Elle pouvait renverser le pouvoir
au temps où il roulait carrosse.
☐ ☐ ☐ ☐ ☐ ☐ ☐

Question de culture
RADIS NOIR

67

Une première dans l'alphabet.
☐

+

Personnel en fin de liste.
☐ ☐

+

article plus ou moins bien défini.
☐ ☐ ☐

=

Mettre la charrue après les boeufs.
☐ ☐ ☐ ☐ ☐ ☐ ☐

L'on aspire à l'éviter
SALETÉ

68

Une certaine idée de la révolution.
☐ ☐

✢

Un peu titane.
☐ ☐

✢

Vraiment têtus, à la fin !
☐ ☐ ☐

✢

Fin d'infinitif.
☐ ☐

=

Comme il est plus fort que la toux, il l'écarte.
☐ ☐ ☐ ☐ ☐ ☐ ☐ ☐ ☐

ça tombe bien ?
FINIT SAUT

69

Mesure de temps.
☐ ☐

+

Bande, poisson.
☐ ☐ ☐ ☐

+

Fin de semaine.
☐ ☐

+

Ver blanc.
☐ ☐ ☐

=

Ils tiennent tête au canasson.
☐ ☐ ☐ ☐ ☐ ☐ ☐ ☐ ☐ ☐

« Anna et le roi »
ANNA, MA REINE

70

Est au pied du Luberon.
☐ ☐ ☐

+

Toujours en fin de rite.
☐ ☐ ☐

+

Une forme de possession.
☐ ☐

+

Moitié de deux.
☐ ☐

=

Mesure de capacité.
☐ ☐ ☐ ☐ ☐ ☐ ☐

À remodeler
ÉTUI DE PÂTE

71

Esprit de l'antique Égypte.
☐ ☐

+

C'est à nous !
☐ ☐ ☐

+

Met les oiseaux sur la paille.
☐ ☐ ☐

+

Dorée ou saint-pierre.
☐ ☐ ☐

=

Qui se retrouve en sainte.
☐ ☐ ☐ ☐ ☐ ☐ ☐ ☐

Avant que de n'être sur la paille
DÎNEZ, ÂNES, OK ?

72

Un article qui vaut de l'or.
☐ ☐

+

D'or ou d'argent, la croix de saint Antoine en est un.
☐ ☐ ☐

+

S'exprime avec un certain plaisir ou un plaisir certain.
☐ ☐ ☐

+

Elle se glisse sans mal sous le drap.
☐ ☐ ☐ ☐

=

Dit commandement, aussi.
☐ ☐ ☐ ☐ ☐ ☐ ☐

Trait... sibyllin
A ÉTUI AU TRAIT

73

Est victime de l'arrêt net.
□ □ □ □

+

On préfère le garder si ça ne va pas.
□ □ □

+

Des caractères qui se font remarquer.
□ □ □ □

+

On peut le faire de quelque chose,
si l'on n'en a rien à faire !
□ □

=

L'école de signes des beaux arts.
□ □ □ □ □ □ □ □ □ □ □

C'est la fonte
SI LA GLACE FRIT

74

Unité d'aire pour les terres.
☐ ☐ ☐

+

Des mois, et mois et mois...
☐ ☐ ☐

+

Le premier d'une liste personnelle.
☐ ☐

+

Ne donne pas de vraies infos.
☐ ☐ ☐ ☐

=

Une manière d'ordonner en douceur.
☐ ☐ ☐ ☐ ☐ ☐ ☐ ☐ ☐ ☐

Cet ouvrage n'est pas vain
JEAN SARMENTE

75

Specimen rare.
□ □ □

+

Fait comme un coeur meurtri qui s'adresse au Seigneur.
□ □ □ □

+

Est du genre casse-pieds.
□ □ □

+

Moitié de neuf.
□ □

=

A toujours été au solstice d'hiver.
□ □ □ □ □ □ □ □ □

Mise à pied
ESCARPIN OCRE

76

Il faut être bête pour ne pas pouvoir en sortir.
☐ ☐ ☐

✚

Ne laisse pas sans gain celui qui a de la veine.
☐ ☐ ☐

✚

Après ci, mais avant le nom.
☐ ☐ ☐

✚

File au magasin.
☐ ☐ ☐ ☐ ☐

=

D'une branche qui comprend les oiseaux.
☐ ☐ ☐ ☐ ☐ ☐ ☐ ☐ ☐

Bien mélangés, il ne faut les manger ni mâcher ces mots
GOÛTEZ QUOI ? LOTE !

77

Ce n'est pas un chien, mais il a bois.
☐ ☐ ☐ ☐

+

Un peu de métal dans le Titanic.
☐ ☐

+

Dit aux proches ou non dit.
☐ ☐

+

La fin d'un monde.
☐ ☐

=

Remède à la crise de foi.
☐ ☐ ☐ ☐ ☐ ☐ ☐ ☐ ☐

De mauvais aloi
FUIT DÉCRET

78

Rendu à la fin ou bien à rendre.
☐ ☐

✦

Dévoile la surprise.
☐ ☐

✦

Ces lettres prises à Louis sont un symbole royal.
☐ ☐ ☐

✦

Bout de route.
☐ ☐

=

Ils s'opposent à ce qui n'est pas deux.
☐ ☐ ☐ ☐ ☐ ☐ ☐ ☐

Ce cas fait fort
THÉ DILUAS

79

Droit d'entrée, en quelque sorte.
☐ ☐ ☐ ☐

+

Un peu de titane dans l'étain.
☐ ☐

+

Lettre d'amour.
☐

+

Personne ou quelqu'un.
☐ ☐ ☐ ☐

=

Il travaille activement avec le patron.
☐ ☐ ☐ ☐ ☐ ☐ ☐ ☐ ☐

De quoi être médaillé
CENT MÉRITES

80

Partie de rigolade.
☐ ☐

✛

S'il garde la Chambre, c'est qu'il n'est pas malade.
☐ ☐ ☐ ☐

✛

Termine la visite à l'église.
☐ ☐ ☐

✛

Il vide les bouteilles jusqu'à la dernière goutte.
☐ ☐

=

Ce n'est généralement pas la bière que l'on voit quand son heure est venue.
☐ ☐ ☐ ☐ ☐ ☐ ☐

Les méfaits du soleil
FRIPÉ À HAÏTI

81

Il a fini de ruminer depuis longtemps.

☐ ☐ ☐

✚

Quand on la dit de vie, elle peut mener à la bière.

☐ ☐ ☐

✚

Plus ils sont gros, plus ils sont appréciés.

☐ ☐ ☐ ☐

✚

Sans doute mal habillé, il ne refusera pas la pièce.

☐ ☐ ☐ ☐ ☐

=

Même peu doué en maths, il est fort en calcul.

☐ ☐ ☐ ☐ ☐ ☐ ☐

Épicurienne
GOÛTE AU LUXE, SÛRE

82

Exprime une version de l'aversion.

☐ ☐ ☐ ☐

+

Lettres suivies.

☐ ☐ ☐

+

Court, toujours.

☐ ☐ ☐

+

Mot couché sur la tombe.

☐ ☐ ☐

=

Elle donne sans cesse l'air en saignement.

☐ ☐ ☐ ☐ ☐ ☐ ☐ ☐ ☐

Curieux axiome
AGIR SI TÔT MATH

83

Un certain nombre.

☐ ☐ ☐

+

Obtient un résultat d'un « fait néant ».

☐ ☐ ☐ ☐

+

Ce que l'on doit, n'a pas à l'œil.

☐ ☐

+

Se fait doubler dans une queue.

☐ ☐ ☐

=

Vraies sceptiques.

☐ ☐ ☐ ☐ ☐ ☐ ☐ ☐ ☐

De bon aloi
ÉLU DU CENSEUR

84

Il est plutôt fleur bleue.
□ □ □

+

Un jeu qui profite à l'entourage.
□ □

+

Un peu titube.
□ □

+

Il est tentant de dire que c'est temps, tant.
□ □ □

=

L'argent liquide s'y trouve habillé.
□ □ □ □ □ □ □ □ □

Comme dans un roman... fleuve
GÎT EN LOIRE

85

Un dernier cri passé de mode.

☐ ☐

+

Annonce des spécialités.

☐ ☐

+

De par le monde, elle n'est guère durable.

☐ ☐ ☐ ☐

+

Une note pour commencer la répétition.

☐ ☐

=

Tel l'heureux gain d'un concours de circonstances.

☐ ☐ ☐ ☐ ☐ ☐ ☐

En jeu ou démon ?
PAIRE EN SIX

86

Il s'applique à la lettre.

☐ ☐ ☐ ☐ ☐

+

Manière de vouloir.

☐ ☐ ☐ ☐

+

Certains y mènent grand train.

☐ ☐ ☐ ☐

+

Demande au début, redemande à la fin.

☐ ☐

=

Une initiative qui fait prendre la défense des éléphants.

☐ ☐ ☐ ☐ ☐ ☐ ☐ ☐ ☐

Plutôt vaseux
TRACE DU GUÉ ÉVASÉ

87

Ils se voient sous les jupes.
☐ ☐ ☐

+

Mot d'usage courant.
☐ ☐ ☐ ☐

+

Il n'y a point plus fort.
☐ ☐

+

Atome non crochu.
☐ ☐ ☐

=

Si cette ascension ne leur convient pas,
les esprits terre à terre peuvent toujours l'éviter.
☐ ☐ ☐ ☐ ☐ ☐ ☐ ☐ ☐ ☐

Pour des mots dits vaguants
TIENS SA VOILE

88

Anciennement à la mode.
☐ ☐

✚

Trait très droit.
☐ ☐ ☐

✚

Travaille deux bouts
☐ ☐ ☐ ☐

✚

Pris à partie par parti pris.
☐ ☐ ☐

=

Qui peut désaxer par son oubli des accents.
☐ ☐ ☐ ☐ ☐ ☐ ☐ ☐ ☐

La bonne formule
HEXANE EN ÉTUI

89

Possessif en fin de courses.

☐ ☐ ☐

✝

Non, version mode enfant.

☐ ☐

✝

Fait rire à demi.

☐ ☐

✝

Plutôt bien élevé.

☐ ☐ ☐ ☐

=

On en fait toute une histoire.

☐ ☐ ☐ ☐ ☐ ☐ ☐

Barbarismes
HUNS À TIARES

90

Est anglais... sur la Tille.

☐ ☐

✛

Doublé pour rire.

☐ ☐

✛

Qualifie un cheval de couleur.

☐ ☐ ☐

✛

Vieux loup.

☐ ☐ ☐

═

Robe portée sur les champs de courses.

☐ ☐ ☐ ☐ ☐ ☐ ☐

Le fin mot
AI SU, HABILE

91

Commence toujours tard.

☐ ☐

+

Un mot qui facilite la relation.

☐ ☐ ☐

+

Un peu de neige en fin de semaine.

☐ ☐

+

Prit en partie ou prit le parti d'en rire.

☐ ☐ ☐

=

Mise en boîte.

☐ ☐ ☐ ☐ ☐ ☐ ☐ ☐ ☐

Est tir à cible
QUI TIRA NET

92

Tête de sagouin.
☐ ☐

+

Bout de tuyau.
☐ ☐

+

Des coups de baguettes pour donner là le son.
☐ ☐

+

Suisse dans le Valais.
☐ ☐ ☐ ☐

=

Excès dans terre, s'agissant d'eau.
☐ ☐ ☐ ☐ ☐ ☐ ☐ ☐ ☐

NOIRS AU TAS

Puis tous éclairent

93

Partie de rien.

☐

+

Signe de possession.

☐ ☐

+

Est étendu sans aucune tension.

☐ ☐ ☐

+

Arrivée en fin d'année.

☐ ☐ ☐

=

Vues de l'esprit.

☐ ☐ ☐ ☐ ☐ ☐ ☐ ☐

Pas sans zèle
ANGE IMITÉ

94

Protecteur des couturières.

☐ ☐

+

C'est un pic, c'est un roc... mais pas une péninsule.

☐ ☐ ☐ ☐

+

Elles en tiennent, des couches !

☐ ☐ ☐ ☐ ☐ ☐ ☐

+

Coup dur.

☐ ☐ ☐ ☐ ☐

=

Il travaille au service vante.

☐ ☐ ☐ ☐ ☐ ☐ ☐ ☐ ☐ ☐ ☐

Ils ne manquent pas d'esprit(s)
DES MORTS TE HEURTANT

95

Demi-lune ou premier entier.

☐ ☐

✛

Rivière qui a vu naître Bernadotte et Bernadette.

☐ ☐ ☐

✛

Note en musique.

☐ ☐

✛

Le p'tit nouveau.

☐ ☐ ☐ ☐

=

Qui n'offre pas de solution, même à l'anti-sceptique.

☐ ☐ ☐ ☐ ☐ ☐ ☐ ☐ ☐

Ce qui s'appelle « trinquer »
A BU SEUL, PUNI

96

Symbole gaulois.
☐ ☐ ☐

✚

Une lettre au point.
☐

✚

Bout de laine.
☐ ☐

✚

Amusé à moitié prix.
☐ ☐

=

Il faut une certaine licence pour la pratiquer.
☐ ☐ ☐ ☐ ☐ ☐ ☐ ☐

Monarque imaginaire d'un château de cartes
ROI E-CINQ

97

Partie de trésor.

☐ ☐

+

Ceux de la marine se distinguent par un port d'uniforme.

☐ ☐ ☐ ☐

+

Port provençal.

☐ ☐ ☐ ☐

+

Personnel, en fin de compte.

☐ ☐

=

Ils ne se font pas prier pour jouer dans les lieux saints.

☐ ☐ ☐ ☐ ☐ ☐ ☐ ☐ ☐

Au train où vont les choses
ET CRIONS GARE !

98

Qui sait !
☐ ☐ ☐

+

Avant le mari après un divorce.
☐ ☐

+

Parfois avant après.
☐ ☐

+

Grâce à lui, les croisées ne sont pas tant pliées.
☐ ☐

=

Qui a fait le plein des sens.
☐ ☐ ☐ ☐ ☐ ☐ ☐ ☐ ☐

Il n'en a cure
EX-CURISTE

99

Symbole d'une mesure d'arc.

☐ ☐ ☐

+

Un mot pour toi.

☐ ☐

+

Mettre d'une certaine façon.

☐ ☐ ☐

+

Se dit quand on n'a pas tout dit.

☐ ☐

=

Permettent aux acteurs de monter
sur les planches habillés.

☐ ☐ ☐ ☐ ☐ ☐ ☐ ☐ ☐ ☐

Qui fait silence et dort
SIC ET MOTUS

100

Sujet à un manque de soins.

☐ ☐ ☐ ☐

+

Marche.

☐ ☐

+

Mot d'ordre.

☐ ☐ ☐

+

S'essouffle dès le début pour arriver quand même en fin de course.

☐ ☐

=

Un mot issu de secours.

☐ ☐ ☐ ☐ ☐ ☐ ☐ ☐ ☐

Est tir à cible (bis) et
TIRE SA SALVE

101

Il ne fait pas le pied beau.
☐☐☐

+

Du cuivre dans les écus
☐☐

+

Situé quelque part, précisément.
☐☐

+

Tir désordonné selon un mot d'ordre.
☐☐☐

+

élément de cercle.
☐☐

=

Table d'opérations.
☐☐☐☐☐☐☐☐☐☐

Sans s'cacher — CULTE CLAIR, ÇA ?

102

Moitié de rien.

☐ ☐

+

Si on le prend de haut, on tombe bien bas.

☐ ☐ ☐ ☐

+

Religieux porté sur le matériel.

☐ ☐ ☐

+

Île vendéenne.

☐ ☐ ☐

+

Île britannique.

☐ ☐ ☐

=

Action d'éclat.

☐ ☐ ☐ ☐ ☐ ☐ ☐ ☐ ☐ ☐ ☐ ☐

On en rit jaune – UN YEN AMUSAIT LÉA

103

Ce n'est pas en vain qu'il s'applique au terroir.

☐ ☐ ☐

✛

Met en condition.

☐ ☐

✛

Assistant de direction.

☐ ☐ ☐ ☐

✛

Évoque le son ou rappelle l'interprète.

☐ ☐ ☐

✛

Il a un rapport avec toi.

☐ ☐

=

Homme de lettres.

☐ ☐ ☐ ☐ ☐ ☐ ☐ ☐ ☐ ☐ ☐

On vous laisse mijoter ces CIVETS SUR BRIES

104

Comme objecteur, on peut lui faire confiance.

☐ ☐ ☐ ☐

+

Une manière de dire.

☐ ☐ ☐

+

Mot d'usage courant pour un électricien.

☐ ☐ ☐

+

Un mot d'absence.

☐ ☐

+

Pluralité de ton.

☐ ☐ ☐

=

Elle requiert beaucoup d'esprit(s).

☐ ☐ ☐ ☐ ☐ ☐ ☐ ☐ ☐

Mythe au logis – MAISON ! DIT THÉMIS

105

Provisoire ou pas, on peut y rester dans la tente.
☐ ☐ ☐ ☐

+

Protection rapprochée pour une sorte de filature.
☐ ☐

+

En montrant du doigt.
☐ ☐

+

Symbole chimique d'un voisin du chlore.
☐ ☐

+

Un mot d'hésitation.
☐ ☐ ☐

=

À point nommé pour qui veut reprendre le flambeau.
☐ ☐ ☐ ☐ ☐ ☐ ☐ ☐ ☐

Pour être cultivé au CHAMP DE LABEUR

106

Io y fut vachement envoyée paître.

☐ ☐ ☐ ☐

+

Poème moyenâgeux.

☐ ☐ ☐

+

De conscience, c'est un problème.

☐ ☐ ☐

+

Boisson.

☐

+

Un temps certain.

☐ ☐ ☐ ☐ ☐

=

En prétendant éclairer ses adeptes, il peut se faire despote.

☐ ☐ ☐ ☐ ☐ ☐ ☐ ☐ ☐ ☐

Cherchez la perle rare tel un PÊCHEUR D'ARTISTES

107

Forme de possession.

☐ ☐ ☐

✛

A un certain prix.

☐ ☐

✛

Note dans une relation.

☐ ☐

✛

Note de sistre.

☐ ☐

✛

Illustre inconnu.

☐ ☐

=

Quand on dit vague, on peut clairement y penser.

☐ ☐ ☐ ☐ ☐ ☐ ☐ ☐ ☐

Au pied de la lettre, un SOIN DU TALON

108

Une colère presque oubliée.

☐ ☐ ☐

+

Une dame de la rue.

☐ ☐ ☐

+

L'ut sous un autre nom.

☐ ☐

+

Le gros enrichit.

☐ ☐ ☐

+

Après le ci, sous certaine condition.

☐ ☐ ☐

=

Elle observe la pupille en l'état.

☐ ☐ ☐ ☐ ☐ ☐ ☐ ☐ ☐

Le fait détracteur − HI ! TOI D'ÉLOGE RIT

SOLUTIONS

1. et + vent = évents
2. a + bai = abbé
3. vé + sel = vaisselle
4. tâtes + Yonne = tatillonnes
5. écot + liée = écoliers
6. et + ment = aimant
7. trot + Aisne = troène
8. chais + nœud = chêne
9. rive + reine = riveraines
10. aigre + né = égrener
11. tisse + rend = tisserands
12. si + tronc = citrons
13. hep + ici + et = épicier
14. somme + nos + lances = somnolence
15. are + jante + ri = argenterie
16. des + pas + raie = déparée
17. ta + mas + noir = tamanoirs
18. li + on + sot = lionceau
19. sec + an + ciel = séquentielles
20. ru + hisse + lent = ruisselant
21. bas + âne + et = basanées
22. sur (sûr) + gît + sait = surgissait
23. bien + fait + heure = bienfaiteur
24. en + troue + vers = entrouvert

25. ka + pris + se = caprice

26. tas + mise + hier = tamisières

27. bras + si + ère = brassières

28. en + terre + et = enterrée

29. trou + Bade + Our = troubadour

30. en + glu + ment = engluement

31. cas + ne + tiers = cannetière

32. ais + nerfs + vœux = énervent

33. dés + air + tes = déserter

34. et + non + sait = énonçait

35. mais + sa + gère = messagères

36. col + ma + taie = colmater

37. en + baux + meurt = embaumeur

38. ah + faut + ni = aphonie

39. teint + tam + arrhes = tintamarre

40. et + main + ses = émincer

41. ceux + rets + te = sœurettes

42. as + dés + coite = adéquate

43. an + Rê + né = enrêner

44. dés + ti + nez = destinée

45. glas + scia + scions = glaciation

46. en + roue + et = enroué

47. hâta + vis + me = atavisme

48. as + en + scions = ascension

49. et + clé + rentes = éclairante

50. serre + mot + née = sermonner

51. en + né + geai = enneigée

52. cheval + hi + air = chevalière

53. ça + tisse + fête = satisfaite

54. en + nues + hie = ennui

55. ci + Dreux + ri = cidrerie

56. ex + si + té = excitée

57. us + tant + cil = ustensiles

58. dé + tant + te = détente

59. et + tas + lait = étalée

60. col + eau + quinte = coloquinte

61. rue + mi + née = ruminer

62. en + vergues + ure = envergure

63. sar + bas + canes = sarbacanes

64. et + dit + sillon = éditions

65. cri + nie + erre = crinière

66. or + nids + air = ornière

67. a + te + les = atteler

68. an + ti + tus + if = antitussif

69. an + raie + ne + man = enrênements

70. Apt + ite + eu + de = aptitude

71. ka + nos + nid + zée = canonisée

72. au + tau + rit + taie = autorité

73. cale + lit + gras + fi = calligraphie

74. are + ans + je + ment = arrangement

75. cas + prie + cor + ne = capricorne

76. zoo + lot + gît + queue = zoologique

77. cerf + ti + tu + de = certitudes

78. du (dû) + ha + lis + te = dualistes

79. cens + ti + m + être = centimètre

80. ah + pair + ite + if = apéritif

81. ure + eau + lots + gueux = urologue

82. hait + mot + ras + gît = hémorragie

83. uns + crée + dû + leu = incrédules

84. lin + go + ti + ère = lingotière

85. in + ès + paix + ré = inespéré

86. sceau + veut + gare + de = sauvegarde

87. lés + vite + as + ion = lévitation

88. in + axe + ente + hué = inaccentué

89. ses + na + ri + haut = scénario

90. is + ha + bai + leu = isabelle

91. ta + qui + ne + rit = taquinerie

92. sa + tu + ra + Sion = saturation

93. i + ma + gît + née = imaginées

94. dé + mont + strates + heurt = démontrateur

95. un + Pau + si + bleu = impossible

96. coq + i + ne + ri = coquinerie

97. or + gars + Nice + te = organistes

98. sûr + ex + ci + té = surexcitée

99. cos + tu + mis + et = costumiers

100. sale + va + tri + se = salvatrice

101. cal + cu + là + tri + ce = calculatrice

102. en + saut + lai + Yeu + Man = ensoleillement

103. cru + si + vers + bis + te = cruciverbiste

104. mais + dit + ohm + ni + tes = médiumnité

105. camp + dé + là + br + euh = candélabre

106. prés + dit + cas + t + heure = prédicateur

107. ont + dû + la + si + on = ondulation

108. ire + hie + do + lot + gît = iridologie

Lexique des définitions

âne	21	A bonnet... aux dernières places !
riveraines	9	À la rue ou aux bords d'elle.
ma	36	À moi !
se	25	À moitié seul.
nos	14	À nous.
candélabre	105	À point nommé pour qui veut reprendre le flambeau.
te	41	A rapport à toi.
capricorne	75	A toujours été au solstice d'hiver.
dû	107	A un certain prix.
nids	66	Abris côtiers pour fruits de mer.
tatillonnes	4	Accros à l'art maniaque.
sur/sûr	22	Acide et aigre, sans aucun doute
ensoleillement	102	Action d'éclat.
et	1	Additif couramment utilisé.
éditions	64	Affaires d'impressions.
énervent	32	Agacent ou pis.
messagères	35	Agents de liaison.
colmater	36	Ainsi font les plombiers, dans l'urgence.
et	49	Ajoute ou met à la fin.
ri	96	Amusé à moitié prix.
Bade	29	Ancien État allemand.
ex	56	Ancienne moitié.
in	88	Anciennement à la mode.
ès	85	Annonce des spécialités.
gît	76	Après ci, mais avant le nom.
gît	108	Après le ci, sous certaine condition.
rets	41	Arrêtent les poissons.
née	93	Arrivée en fin d'année.
les	67	Article plus ou moins bien défini.
vers	103	Assistant de direction.
né	43	Associé à nouveau pour une délivrance.
ion	87	Atome non crochu.

ex	98	Avant le mari après un divorce.
tronc	12	Avec des scies, c'est sûr, il finit en bûches.
ais	32	Avec lui on relie les livres avant de les avoir lus.
raie	69	Bande, poisson.
sot	18	Bête, en somme.
et	59	Bien qu'au bout du feuillet, ce n'est pas la fin de l'histoire.
t	106	Boisson.
as	42	Bout de gras.
ne	96	Bout de laine.
te	78	Bout de route.
tu	92	Bout de tuyau.
or	66	Brillant étalon.
tiers	31	C'est un autre homme.
mont	94	C'est un pic, c'est un roc... mais pas une péninsule.
nos	71	C'est à nous !
écoliers	5	C'est en étudiant qu'ils évitent les colles.
en	37	C'est toujours ainsi que les ennuis commencent.
quinte	60	C'est toux.
rive	9	C'est un bord d'eau.
ci	55	C'est un curie !
chevalière	52	C'est une bague ornée, comme il se doit.
sillon	64	Ça creuse !
Ru	20	Ce filet ne fera pas prendre de gros poissons.
apéritif	80	Ce n'est généralement pas la bière que l'on voit quand son heure est venue.
cru	103	Ce n'est pas en vain qu'il s'applique au terroir.
cerf	77	Ce n'est pas un chien, mais il a bois.
dû	83	Ce que l'on doit, n'a pas à l'œil.
eau	60	Celle de mer ne manque pas de sel.
lances	14	Certaines sont à jet.
gare	86	Certains y mènent grand train.
lis	78	Ces lettres prises à Louis sont un symbole royal.
gars	97	Ceux de la marine se distinguent par un port d'uniforme.
Dreux	55	Cité d'Eure-et-Loir.
antitussif	68	Comme il est plus fort que la toux, il l'écarte.

mais	104	Comme objecteur, on peut lui faire confiance.
noir	17	Comme si c'était teint... aux couleurs de la nuit.
énonçait	34	Commençait à mots dire.
ta	91	Commence toujours tard.
en	51	Commun à l'endroit et à l'envers.
tamanoirs	17	Connaître leur langue est fatal aux fourmis.
heurt	94	Coup dur.
ras	82	Court, toujours.
aigre	10	D'un goût douteux, et non pas d'un doux goûteux.
glas	45	D'une trompe qui annonçait la mort.
tas	26	D'immondices, sont des monts effrayants.
tau	72	D'or ou d'argent, la croix de saint Antoine en est un.
zoologique	76	D'une branche qui comprend les oiseaux.
te	58	D'une demi-tête !
en	54	Dans le vent.
cas	106	De conscience, c'est un problème.
tisserands	11	De leur travail, des textiles en sont issus.
paix	85	De par le monde, elle n'est guère durable.
an	19	Début d'année ou année complète.
ti	44	Début d'un titre.
de	86	Demande au début, redemande à la fin.
en	30	Demi-cent.
un	95	Demi-lune ou premier entier.
scions	45	Des bois qui finiront par être entés.
gras	73	Des caractères qui se font remarquer.
brassières	27	Des choses qui vous passent par la tête, mesdames !
ra	92	Des coups de baguettes pour donner là le son.
ans	74	Des mois, et mois et mois...
ceux	41	Désigne une certaine quantité.
et	34	Deux lettres pour une litanie.
Aisne	7	Deuxième dans une liste.
ha	78	Dévoile la surprise.
tu	77	Dit aux proches ou non dit.
autorité	72	Dit commandement, aussi.
li	18	Division de la Grande Muraille.

Jeux de mots décroisés

séquentielles	19	Données dans l'ordre d'arrivée.
enterrée	28	Dont on a fait une croix dessus.
zée	71	Dorée ou saint-pierre.
ha	90	Doublé pour rire.
tam	39	Doublé pour se faire entendre.
cens	79	Droit d'entrée, en quelque sorte.
cu	101	Du cuivre dans les écus
et	21	Élément d'addition.
ce	101	Élément de cercle.
ça	53	Élément de choix.
ascension	48	Élève qui aime les cols.
destinée	44	Elle a la réputation de tout régler d'avance.
détente	58	Elle donne des bons bonds aux athlètes.
glaciation	45	Elle donne le temps de se regarder dans la glace.
hémorragie	82	Elle donne sans cesse l'air en saignement.
envergure	62	Elle met de la distance entre ailes.
cannetière	31	Elle met les trames sur la bonne voie.
vis	47	Elle oblige à faire quelques tours.
iridologie	108	Elle observe la pupille en l'état.
clé	49	Elle permet d'entrer sans frapper.
ornière	66	Elle pouvait renverser le pouvoir au temps où il roulait carrosse.
médiumnité	104	Elle requiert beaucoup d'esprit(s).
coloquinte	60	Elle s'habille de fruits ornementaux.
taie	72	Elle se glisse sans mal sous le drap.
mise	26	Elle va au tapis pour faire des petits.
strates	94	Elles en tiennent, des couches !
tamisières	26	Elles ne laissent passer aucune grossièreté.
sarbacanes	63	Elles permettent de souffler en cas d'attaque.
vergues	62	Elles sont bien utiles pour mettre les voiles.
englument	30	Empêche l'oiseau de décoller.
glu	30	Empêche l'oiseau de décoller.
satisfaite	53	En gros, qui est arrivée à ses fins.
là	105	En montrant du doigt.
prédicateur	106	En prétendant éclairer ses adeptes, il peut se faire despote.

enroué	46	Engagé dans une mauvaise voix.
née	50	Entrée en matière.
lent	20	Espèce de tortue.
ka	71	Esprit de l'antique Égypte.
is	90	Est anglais... sur la Tille.
Apt	70	Est au pied du Luberon.
crinière	65	Est crins autant... qu'il s'agisse d'un lion ou d'un cheval !
cor	75	Est du genre casse-pieds.
gît	93	Est étendu sans aucune tension.
cale	73	Est victime de l'arrêt net.
aphonie	38	Évoque des maux qui laissent sans voix.
bis	103	Évoque le son ou rappelle l'interprète.
Our	29	Ex-cité en Mésopotamie.
saturation	92	Excès dans terre, s'agissant d'eau.
teint	39	Exprimé sur un certain ton.
hait	82	Exprime une version de l'aversion.
émincer	40	Faire des parties (très) fines.
égrener	10	Faire la différence entre les bons grains et l'épi.
scions	48	Faisons vibrer lame.
hep	13	Fait appel.
prie	75	Fait comme un coeur meurtri qui s'adresse au Seigneur.
mi	61	Fait la moitié.
ri	89	Fait rire à demi.
rend	11	Fait un retour.
ment	6	Fait une fausse déclaration.
nerfs	32	Fibres naturelles.
queue	76	File au magasin.
if	68	Fin d'infinitif.
ne	31	Fin de règne.
ne	69	Fin de semaine.
hâta	47	Fonça comme l'éclair (se).
ont	107	Forme de possession.
té	98	Grâce à lui, les croisées ne sont pas tant pliées.
tas	59	Grand nombre.
somnolence	14	Guette celui qui lit une histoire à dormir debout.

Jeux de mots décroisés

us	57	Habitudes d'autrefois.
cruciverbiste	103	Homme de lettres.
bienfaiteur	23	Homme donneur.
fête	53	Honore le saint.
ure	81	Il a fini de ruminer depuis longtemps.
ure	62	Il a fini de ruminer.
te	103	Il a un rapport avec toi.
mas	17	Il est ferme en Provence.
lin	84	Il est plutôt fleur bleue.
ère	84	Il est tentant de dire que c'est temps, tant.
zoo	76	Il faut être bête pour ne pas pouvoir en sortir.
cheval	52	Il faut son remède pour soigner sa fièvre.
coquinerie	96	Il faut une certaine licence pour la pratiquer.
épicier	13	Il n'est pas négociant en vain.
as	87	Il n'y a point plus fort.
cal	101	Il ne fait pas le pied beau.
et	64	Il ne termine jamais ses phrases.
si	12	Il permet bien des choses en posant ses conditions.
air	33	Il peut meubler la chambre.
sceau	86	Il s'applique à la lettre.
hier	26	Il se conjugue au passé.
dé	58	Il se fait toujours jeter au tapis.
nœud	8	Il serre à créer des liens.
té	56	Il sert les desseins du dessinateur.
centimètre	79	Il travaille activement avec le patron.
démonstrateur	94	Il travaille au service vante.
tintamarre	39	Il trouble la tranquillité des pavillons.
if	80	Il vide les bouteilles jusqu'à la dernière goutte.
Man	102	Île britannique.
Yeu	102	Île vendéenne.
on	107	Illustre inconnu.
organistes	97	Ils ne se font pas prier pour jouer dans les lieux saints.
citrons	12	Ils s'expriment aussi par zestes.
dualistes	78	Ils s'opposent à ce qui n'est pas deux.
bas	63	Ils se font voir en dessous.

lés	87	Ils se voient sous les jupes.
dés	33	Ils sont toujours récupérés après avoir été jetés.
enrênements	69	Ils tiennent tête au canasson.
tant	58	Incertain nombre.
sel	3	Inversé, c'est un article ; renversé c'est un mauvais présage.
prés	106	Io y fut vachement envoyée paître.
et	46	Jeté au milieu.
lingotière	84	L'argent liquide s'y trouve habillé.
calligraphie	73	L'école de signes des beaux arts.
entrouvert	24	L'huis qui invite à franchir le pas l'est.
nez	44	L'un des sens ne peut s'en passer.
do	108	L'ut sous un autre nom.
de	77	La fin d'un monde.
ciel	19	La plus haute partie du monde.
ri	55	La rive, côté gauche.
Yonne	4	Le Chablis y connait ses racines.
né	10	Le dernier est le cadet.
cri	65	Le dernier est toujours à la mode.
lot	108	Le gros enrichit.
lait	59	Le meilleur du pis.
ni	38	Le milieu du panier.
bleu	95	Le p'tit nouveau.
ici	13	Le palindrome le plus proche.
je	74	Le premier d'une liste personnelle.
as	48	Le premier dans la classe.
air	52	Le prendre, c'est voler !
an	43	Le temps d'une révolution.
et	13	Les conteurs l'utilisent sans compter.
cidrerie	55	Les pommes y laissent leur peau.
m	79	Lettre d'amour.
mot	50	Lettres suivies.
mot	82	Lettres suivies.
dés	42	Leur jeu est toujours à points.
raie	16	Ligne de tête.
ustensiles	57	Lorsqu'ils marchent bien, leur usage est courant.

Jeux de mots décroisés

troubadour	29	Maître chanteur à la cour du roi.
dit	64	Manière de dire.
veut	86	Manière de vouloir.
nie	65	Manque de reconnaissance.
va	100	Marche.
né	61	Materné en fin.
ment	30	Mêle le faux à l'info.
lionceau	18	Membre d'une famille royale.
urologue	81	même peu doué en maths, il est fort en calcul.
aptitude	70	Mesure de capacité.
an	69	Mesure de temps.
si	103	Met en condition.
nid	71	Met les oiseaux sur la paille.
hisse	20	Met les voiles, par exemple.
tâtes	4	Mets doucement la main à la patte.
mis	99	Mettre d'une certaine façon.
atteler	67	Mettre la charrue après les boeufs.
taquinerie	91	Mise en boîte.
étalée	59	Mise en grande surface.
de	70	Moitié de deux.
ne	75	Moitié de neuf.
en	102	Moitié de rien.
gît	82	Mot couché sur la tombe.
ohm	104	Mot d'usage courant pour un électricien.
mais	35	Mot d'esprit... de contradiction.
tri	100	Mot d'ordre.
vite	87	Mot d'usage courant.
non	34	Mot dit par celui qui est contre.
et	40	Mot préféré d'un bavard-roi.
ment	74	Ne donne pas de vraies infos.
trot	7	Ne fait pas mettre les deux pieds dans le même sabot.
lot	76	Ne laisse pas sans gain celui qui a de la veine.
caprice	25	Non de jeune fille.
na	89	Non, version mode enfant.
la	107	Note dans une relation.

si	107	Note de sistre.
si	95	Note en musique.
tisse	53	Noue des liens.
né	51	Nouveau, est venu d'un œuf.
faut	38	Obligation conjuguée.
écot	5	Obole pour le couvert.
crée	83	Obtient un résultat d'un « fait néant ».
canes	63	Oiseaux des eaux.
scénario	89	On en fait toute une histoire.
sœurettes	41	On imagine les grandes sœurs les couvant.
cil	57	On l'a toujours à l'oeil.
si	56	On le trouve avec certitude dans bien des hypothèses.
bas	21	On le voit toujours en dessous.
fi	73	On peut le faire de quelque chose, si l'on n'en a rien à faire !
lit	73	On préfère le garder si ça ne va pas.
chais	8	On y travaille utilement en vin.
terre	28	Où l'on sème.
ci	98	Parfois avant après.
ka	25	Particule élémentaire.
en	24	Partie de rien.
i	93	Partie de rien.
ah	80	Partie de rigolade.
hi	52	Partie de rire.
or	97	Partie de trésor.
bien	23	Pas mal du tout.
vé	3	Passage obligé pour qu'ainsi cylindre tourne rond.
col	60	Passe montagne.
sermonner	50	Passer un savon pour éloigner de la pente glissante.
vers	24	Permet de mesurer ses paroles.
costumiers	99	Permettent aux acteurs de monter sur les planches habillés.
baux	37	Permettent sans trop de mal de jouir d'un bien.
être	79	Personne ou quelqu'un.
te	67	Personnel en fin de liste.
te	97	Personnel, en fin de compte.
somme	14	Petit sommeil.

Jeux de mots décroisés

reine	9	Petite, elle roule.
argenterie	15	Peut briller tout en étant étain.
bras	27	Peut être de mer ou par paire.
tes	104	Pluralité de ton.
vent	1	Plus il est fort, plus il se met à souffler.
lots	81	Plus ils sont gros, plus ils sont appréciés.
haut	89	Plutôt bien élevé.
dit	106	Poème moyenâgeux.
Nice	97	Port provençal.
a	2	Possède.
ses	89	Possessif en fin de courses.
col	36	Pour le cou il habille, même s'il est faux.
ennui	54	Pour le faire venir, il n'y a rien à faire.
vaisselle	3	Pour les scènes de ménage, ça tombe bien !
évents	1	Pour que les baleines respirent, c'est assez.
et	28	Précède ce qui suit.
abbé	2	Prend la robe par foi.
serre	50	Prend les choses en main.
déserter	33	Prendre la poudre d'escampette au son du canon.
en	28	Prends au milieu.
tant	57	Presque autant.
hué	88	Pris à partie par parti pris.
rit	91	Prit en partie ou prit le parti d'en rire.
vœux	32	Promesses de minuit, ou par foi.
dé	94	Protecteur des couturières.
dé	105	Protection rapprochée pour une sorte de filature.
camp	105	Provisoire ou pas, on peut y rester dans la tente.
bai	90	Qualifie un cheval de couleur.
main	40	Quand elle est courante, on s'y tient.
ondulation	107	Quand on dit vague, on peut clairement y penser.
eau	81	Quand on la dit de vie, elle peut mener à la bière.
ruminer	61	Quand on y pense, c'est manger comme des cerfs.
surexcitée	98	Qui a fait le plein des sens.
enneigée	51	Qui a subi une grosse chute.
aimant	6	Qui a une affection du cœur.

adéquate	42	Qui correspond, en neuf lettres.
éclairante	49	Qui démontre que la lumière est un produit de lux.
excitée	56	Qui est dans tous ses états, dame !
impossible	95	Qui n'offre pas de solution, même à l'anti-sceptique.
basanées	21	Qui ont participé un certain temps à une exposition.
inaccentué	88	Qui peut désaxer par son oubli des accents.
coite	42	Qui prend une pose, sans qu'on entende un mot d'elle.
pris	25	Qui s'est laissé emporter.
sûr	98	Qui sait !
canonisée	71	Qui se retrouve en sainte.
nues	54	Qui se trouvent hors d'affaires.
air	66	Qui veut s'en passer finit par trépasser.
déparée	16	Qui voit sa beauté sabotée.
ah	38	Redoublé comme pour rire.
laï	102	Religieux porté sur le matériel.
certitudes	77	Remède à la crise de foi.
ses	40	Remplace plus d'un son.
du/dû	78	Rendu à la fin ou bien à rendre.
taie	36	Repose-tête.
rentes	49	Revenus après des placements.
en	46	Rien à moitié.
en	62	Rien au bout !
sec	19	Rien que des os, ou pas du tout d'eau.
ri	15	Rions un peu.
Pau	95	Rivière qui a vu naître Bernadotte et Bernadette.
bai	2	Robe de cheval.
isabelle	90	Robe portée sur les champs de courses.
rit	72	S'exprime avec un certain plaisir ou un plaisir certain.
se	100	S'essouffle dès le début pour arriver quand même en fin de course.
meurt	37	S'éteint livide.
pair	80	S'il garde la Chambre, c'est qu'il n'est pas malade.
gère	35	S'occupe de certains intérêts comme du capital.
gueux	81	Sans doute mal habillé, il ne refusera pas la pièce.
sa	35	Sans en tête.

sait	34	Savoir conjugué.
et	99	Se dit quand on n'a pas tout dit.
leu	83	Se fait doubler dans une queue.
dés	44	Se font aisément jeter au tapis
scia	45	Se servit d'un outil à main et à dents.
troue	24	Se verra peut-être demander réparation.
troène	7	Ses baies noires ne sont pas conseillées pour se rafraîchir.
roue	46	Ses révolutions font toujours avancer.
lévitation	87	Si cette ascension ne leur convient pas, les esprits terre à terre peuvent toujours l'éviter.
ruisselant	20	Si mouillé qu'il faut un caractère bien trempé pour n'en être point dégoûté !
saut	102	Si on le prend de haut, on tombe bien bas.
ta	17	Signe de possession au cœur de l'État.
ma	93	Signe de possession.
là	101	Situé quelque part, précisément.
Rê	43	Soleil d'Égypte.
atavisme	47	Son poids peut être une tare.
embaumeur	37	Spécialiste anti-corruption.
et	6	Spécialiste en liaisons.
cas	75	Specimen rare.
Sion	92	Suisse dans le Valais.
sale	100	Sujet à un manque de soins.
té	33	Sur certaines tables, c'est la règle de l'art
surgissait	22	Survenait à fond de train sans crier gare.
br	105	Symbole chimique d'un voisin du chlore.
cos	99	Symbole d'une mesure d'arc.
coq	96	Symbole gaulois.
calculatrice	101	Table d'opérations.
inespéré	85	Tel l'heureux gain d'un concours de circonstances.
ère	27	Temps variable.
enrêner	43	Tenir tête au canasson.
liée	5	Tenue par l'accord ou par la corde.
en	48	Termine l'entretien comme il l'a commencé.
ite	80	Termine la visite à l'église.
sa	92	Tête de sagouin.

tri	101	Tir désordonné selon un mot d'ordre.
ite	70	Toujours en fin de rite.
jante	15	Tour de roue.
rue	61	Tourne les talons comme la jument.
on	18	Tout particulier en général.
axe	88	Trait très droit.
tisse	11	Travaille à la chaîne.
ente	88	Travaille deux bouts
chêne	8	Un arbre un peu dur pour être un peu plié.
au	72	Un article qui vaut de l'or.
uns	83	Un certain nombre.
heure	23	Un certain temps.
in	85	Un dernier cri passé de mode.
go	84	Un jeu qui profite à l'entourage.
ni	104	Un mot d'absence.
euh	105	Un mot d'hésitation.
salvatrice	100	Un mot issu de secours.
tu	99	Un mot pour toi.
qui	91	Un mot qui facilite la relation.
trou	29	Un normand qui s'invite aux agapes.
geai	51	Un oiseau qui cajole.
me	47	Un petit bout de femme !
ti	77	Un peu de métal dans le Titanic.
ne	91	Un peu de neige en fin de semaine.
si	27	Un peu de silence en musique.
ti	79	Un peu de titane dans l'étain.
ti	68	Un peu titane.
ti	84	Un peu titube.
pas	16	Un pied devant l'autre.
sar	63	Un poisson qui prend un peu de la sardine.
heure	106	Un temps certain.
sait	22	Une certaine forme de savoir.
an	68	Une certaine idée de la révolution.
ire	108	Une colère presque oubliée.
hie	108	Une dame de la rue.

Jeux de mots décroisés

eu	70	Une forme de possession.
sauvegarde	86	Une initiative qui fait prendre la défense des éléphants.
i	96	Une lettre au point.
arrangement	74	Une manière d'ordonner en douceur.
dit	104	Une manière de dire.
fait	23	Une manière de faire.
are	15	Une mesure qui peut s'appliquer à tout bout de champ.
ré	85	Une note pour commencer la répétition.
a	67	Une première dans l'alphabet.
hie	54	Une vieille dame qui ne bat plus guère le pavé.
are	74	Unité d'aire pour les terres.
erre	65	Vague dans les deux sens.
des	16	Valent plus d'un.
arrhes	39	Valide un contrat pour son exécution.
man	69	Ver blanc.
gît	22	Vient de gésir.
leu	90	Vieux loup.
cas	31	Voit un « en » avant, pour une petite faim immédiate.
incrédules	83	Vraies sceptiques.
tus	68	Vraiment têtus, à la fin !
imaginées	93	Vues de l'esprit.

©Roi de Trèfle, 2019

Édité via BoD - Books on Demand

2/14 rond-point des Champs-Élysées, 75008 Paris

Imprimé par :

BoD - Books on Demand, Norderstedt, Allemagne

Achevé d'imprimer en novembre 2019

Dépôt légal : novembre 2019

ISBN 978-2-3221-9002-7

Prix TTC : 8,90 €